i love you because...

to:

_____

from:

_____

date _____

i love you because…

date _____

i love you because…

date _____

i love you because…

date _____

i love you because…

_____

date _____

i love you because…

date _____

i love you because…

_____
_____
_____
_____
_____
_____
_____
_____
_____
_____
_____
_____
_____
_____
_____
_____
_____
_____
_____
_____
_____
_____
_____
_____
_____
_____
_____
_____

date _____

i love you because…

date _____

i love you because…

date _____

i love you because…

date _____

i love you because…

_____
_____
_____
_____
_____
_____
_____
_____
_____
_____
_____
_____
_____
_____
_____
_____
_____
_____
_____
_____
_____
_____
_____
_____

date _____

i love you because…

date _____

i love you because…

date _____

i love you because…

date _____

i love you because…

date _____

i love you because…

_____
_____
_____
_____
_____
_____
_____
_____
_____
_____
_____
_____
_____
_____
_____
_____
_____
_____
_____
_____
_____
_____
_____
_____
_____
_____
_____
_____

date _____

i love you because…

_____
_____
_____
_____
_____
_____
_____
_____
_____
_____
_____
_____
_____
_____
_____
_____
_____
_____
_____
_____
_____
_____
_____
_____
_____

date _____

i love you because…

date _____

i love you because…

date _____

i love you because…

date _____

i love you because…

date _____

i love you because…

date _____

i love you because…

_____

date _____

i love you because…

date _____

i love you because…

_____
_____
_____
_____
_____
_____
_____
_____
_____
_____
_____
_____
_____
_____
_____
_____
_____
_____
_____
_____
_____
_____
_____
_____
_____

date _____

i love you because…

date _____

i love you because…

date _____

i love you because…

date _____

i love you because…

_____
_____
_____
_____
_____
_____
_____
_____
_____
_____
_____
_____
_____
_____
_____
_____
_____
_____
_____
_____
_____
_____
_____
_____
_____
_____

date _____

i love you because…

date _____

i love you because…

_____
_____
_____
_____
_____
_____
_____
_____
_____
_____
_____
_____
_____
_____
_____
_____
_____
_____
_____
_____
_____
_____
_____
_____
_____
_____
_____
_____
_____

date _____

i love you because…

date _____

i love you because…

date _____

i love you because…

date _____

i love you because…

date _____

i love you because…

date _____

i love you because…

date _____

i love you because…

date _____

i love you because…

date _____

i love you because…

date _____

i love you because…

date _____

i love you because…

date _____

i love you because…

_____
_____
_____
_____
_____
_____
_____
_____
_____
_____
_____
_____
_____
_____
_____
_____
_____
_____
_____
_____
_____
_____
_____
_____
_____
_____

date _____

i love you because…

date _____

i love you because…

_____
_____
_____
_____
_____
_____
_____
_____
_____
_____
_____
_____
_____
_____
_____
_____
_____
_____
_____
_____
_____
_____
_____
_____
_____

date _____

i love you because…

date _____

i love you because…

_____
_____
_____
_____
_____
_____
_____
_____
_____
_____
_____
_____
_____
_____
_____
_____
_____
_____
_____
_____
_____
_____
_____
_____
_____

date _____

i love you because…

_____
_____
_____
_____
_____
_____
_____
_____
_____
_____
_____
_____
_____
_____
_____
_____
_____
_____
_____
_____
_____
_____
_____
_____
_____
_____

date _____

i love you because…

_____
_____
_____
_____
_____
_____
_____
_____
_____
_____
_____
_____
_____
_____
_____
_____
_____
_____
_____
_____
_____
_____
_____
_____
_____
_____

date _____

i love you because…

___

date _____

i love you because…

date _____

i love you because…

date _____

i love you because…

_____
_____
_____
_____
_____
_____
_____
_____
_____
_____
_____
_____
_____
_____
_____
_____
_____
_____
_____
_____
_____
_____
_____
_____
_____
_____
_____

date _____

i love you because…

date _____

i love you because…

date _____

i love you because…

date _____

i love you because…

date _____

i love you because…

date _____

i love you because…

date _____

i love you because…

date _____

i love you because…

date _____

i love you because…

date _____

i love you because…

date _____

i love you because…

_____
_____
_____
_____
_____
_____
_____
_____
_____
_____
_____
_____
_____
_____
_____
_____
_____
_____
_____
_____
_____
_____
_____
_____
_____
_____
_____
_____

date _____

i love you because…

date _____

i love you because…

date _____

i love you because…

date _____

i love you because…

date _____

i love you because…

date _____

i love you because…

date _____

i love you because…

date _____

i love you because…

date _____

i love you because…

date _____

i love you because…

date _____

i love you because…

date _____

i love you because…

date _____

i love you because…

date _____

i love you because…

date _____

i love you because…

date _____

i love you because…

date _____

i love you because…

_____
_____
_____
_____
_____
_____
_____
_____
_____
_____
_____
_____
_____
_____
_____
_____
_____
_____
_____
_____
_____
_____
_____
_____
_____
_____
_____
_____
_____

date _____

i love you because…

_____
_____
_____
_____
_____
_____
_____
_____
_____
_____
_____
_____
_____
_____
_____
_____
_____
_____
_____
_____
_____
_____
_____
_____
_____
_____
_____
_____
_____

date _____

i love you because…

_____
_____
_____
_____
_____
_____
_____
_____
_____
_____
_____
_____
_____
_____
_____
_____
_____
_____
_____
_____
_____
_____
_____
_____
_____
_____

date _____

i love you because…

date _____

i love you because…

date _____

i love you because…

date _____

i love you because…

date _____

i love you because…

date _____

i love you because…

_____
_____
_____
_____
_____
_____
_____
_____
_____
_____
_____
_____
_____
_____
_____
_____
_____
_____
_____
_____
_____
_____
_____
_____
_____
_____
_____
_____

date _____

i love you because…

_____
_____
_____
_____
_____
_____
_____
_____
_____
_____
_____
_____
_____
_____
_____
_____
_____
_____
_____
_____
_____
_____
_____
_____
_____
_____
_____
_____
_____

date _____

i love you because…

_____
_____
_____
_____
_____
_____
_____
_____
_____
_____
_____
_____
_____
_____
_____
_____
_____
_____
_____
_____
_____
_____
_____
_____
_____
_____
_____
_____

date _____

i love you because…

date _____

i love you because…

date _____

i love you because…

date _____

i love you because…

date _____

i love you because…

date _____

i love you because…

date _____

i love you because…

date _____

i love you because…

_____
_____
_____
_____
_____
_____
_____
_____
_____
_____
_____
_____
_____
_____
_____
_____
_____
_____
_____
_____
_____
_____
_____
_____

date _____

i love you because…

_____
_____
_____
_____
_____
_____
_____
_____
_____
_____
_____
_____
_____
_____
_____
_____
_____
_____
_____
_____
_____
_____
_____
_____

date _____

i love you because…

date _____

i love you because…

date _____

i love you because…

date _____

i love you because…

date _____

i love you because…

date _____

i love you because…

date _____

i love you because…

date _____

i love you because…

date _____

i love you because…

date _____

i love you because…

date _____

i love you because…

date _____

i love you because…

date _____

i love you because…

_____
_____
_____
_____
_____
_____
_____
_____
_____
_____
_____
_____
_____
_____
_____
_____
_____
_____
_____
_____
_____
_____
_____
_____

date _____

i love you because…

date _____

i love you because…

date _____

i love you because…

date _____

i love you because…

___
___
___
___
___
___
___
___
___
___
___
___
___
___
___
___
___
___
___
___
___
___
___
___
___
___

date _____

i love you because…

Made in the USA
Monee, IL
07 July 2022